GARDE NATIONALE

CODE

DE

JUSTICE MILITAIRE

Décrets des 27 Septembre et 12 Octobre 1870.

Extraits de la loi du 9 Juin-4 Août 1857.

PARIS

IMPRIMERIE DE G. KUGELMANN
13, rue du Helder, 13.

1870

A LA GARDE NATIONALE

CODE

DE

JUSTICE MILITAIRE

Décrets des 27 Septembre et 12 Octobre 1870.

Extraits de la loi du 9 Juin-4 Août 1857.

PARIS

IMPRIMERIE DE G. KUGELMANN
13, rue du Helder, 13.

1870

A LA GARDE NATIONALE

En publiant un extrait de la loi du 9 juin-4 août 1857, concernant la justice militaire pour l'armée de terre, je pense faire un acte utile au pays.

Il est indispensable en effet que chaque citoyen, appelé à la défense commune, connaisse toute l'étendue de ses devoirs, et sache bien que tant que l'ennemi foulera le sol de la France, tout Garde national est considéré comme un soldat eu service de son pays.

MARCHENAY,

Licencié en droit,

Capitaine à la 2ᵉ compagnie du 175ᵉ bataillon, — Membre du Conseil de guerre du 3ᵉ secteur.

DÉCRET DU 27 SEPTEMBRE 1870.

—

Le Gouvernement de la défense nationale :

Considérant qu'il n'est pas de force militaire sans une discipline vigoureuse ;

Considérant que la garde nationale, sur laquelle reposent aujourd'hui la sécurité de la capitale et le salut de la patrie, et qui se montre, par son excellent esprit et les progrès rapides de son éducation militaire, à la hauteur des grands devoirs qui lui sont imposés, doit être desormais astreinte aux lois qui régissent, en face de l'ennemi, toute armée régulière ;

DÉCRÈTE :

ART. 1er. — Pendant la durée du siége, les crimes et délits commis par des gardes nationaux sont jugés par des conseils de guerre, dits de la garde nationale. Ces tribunaux appliquent les peines édictées par le Code de justice militaire, aux crimes et délits commis dans le service, et la loi commune aux crimes et délits commis en dehors du service.

ART. 2. Il est institué un conseil permanent dans chaque secteur, et un conseil de révision pour l'ensemble de la garde nationale réunie dans l'aris

ART. 3 Les conseils de guerre sont composés de la manière suivante, selon le grade de l'inculpé :

Pour juger un sous-officier ou un garde : 1 chef de bataillon, président ; 2 capitaines, 2 lieutenants ou sous-lieutenants, 2 sous-officiers.

Pour juger un sous-lieutenant : 1 chef de bataillon, président ; 2 capitaines, 2 lieutenants, 2 sous-lieutenants ;

Pour juger un lieutenant : 1 chef de bataillon, président ; 3 capitaines, 3 lieutenants.

Pour juger un capitaine : 1 chef de bataillon, président ; 2 chefs de bataillon, 4 capitaines

Pour juger un chef de bataillon : 1 commandant de secteur, président ; 6 chefs de bataillon.

A chaque conseil de guerre sont attachés : un commissaire de la république remplissant l'office de ministère public, un capitaine rapporteur ; un capitaine rapporteur adjoint, et un greffier, assisté au besoin d'un greffier adjoint.

ART. 4. Le conseil de révision se compose d'un président et

de quatre juges; un commissaire du gouvernement et un greffier lui sont attachés.

ART. 5. Dans chaque secteur, les chefs de bataillon réunis élisent six d'entre eux, parmi lesquels le commandant du secteur désigne par la voie du sort le président, et, quand il y a lieu, les juges du conseil de guerre.

Dans chaque bataillon, les officiers de même grade élisent un d'entre eux. Il en est de même des sous-officiers inscrits sur ces listes.

ART. 6. Les commissaires du gouvernement, les capitaines rapporteurs et les greffiers sont nommés par le commandant supérieur de la garde nationale.

ART. 7. Le président et les juges du conseil de révision, le commissaire de la république attaché à ce conseil sont nommés par le conseil de l'ordre des avocats près la cour d'appel de Paris.

Le greffier est nommé par le commandant supérieur.

ART. 8. Les plaintes en conseil de guerre sont adressées par les chefs de bataillon aux commandants de secteur, qui saisissent, s'il y a lieu, les conseils de guerre.

Le gouverneur de Paris, le commandant supérieur des gardes nationales sédentaires et les commandants de secteur peuvent déférer directement un crime ou délit au conseil de guerre.

ART. 9 Outre les peines prononcées par les conseils de guerre, des peines disciplinaires peuvent être infligées par les supérieurs à leurs inférieurs suivant les différents degrés de la hiérarchie militaire.

Ces peines sont :

La révocation de l'officier ou la cassation du sous-officier, le désarmement ou la radiation du garde national.

La prison pour les officiers, sous-officiers et gardes.

Les arrêts pour les officiers.

Le gouverneur de Paris peut seul prononcer la révocation d'un officier, sur l'avis du commandant supérieur.

Le commandant supérieur prononce la cassation d'un sous-officier sur la proposition du commandant de secteur.

Le chef de bataillon prononce le désarmement et la radiation d'un garde.

Le commandant supérieur prononce au maximum la peine de quinze jours de prison pour les officiers, d'un mois pour les sous-officiers ou gardes.

Le commandant de secteur prononce, dans les mêmes conditions, la peine de quinze jours et huit jours de prison.

Le chef de bataillon inflige quatre jours de prison; les capitaines deux jours, mais aux sous-officiers ou gardes seulement.

Les arrêts sont infligés aux officiers de tout grade par leurs supérieurs, jusqu'au maximum de huit jours.

Les arrêts forcés avec remise du sabre et factionnaire à la porte du domicile, sont infligés jusqu'au maximum de huit jours par le commandant supérieur, les commandants de secteur et les chefs de bataillon.

ART. 10. Pendant la durée du siége, les conseils de discipline créés par la loi du 13 juin 1831 cesseront de fonctionner.

Paris, le 27 septembre 1870.

(Suivent les signatures.)

DÉCRET DU 12 OCTOBRE 1870.

—

Le gouvernement de la défense nationale,

Considérant qu'il importe de compléter, par quelques dispositions explicatives, le décret du 27 septembre 1870 sur les conseils de guerre de la garde nationale,

DÉCRÈTE :

ART. 1er. Seront réputés commis dans le service, les crimes et délits qui seront commis par tout garde national, pendant la durée d'un service spécial, tel que faction, patrouille, sortie, reconnaissance, engagement avec l'ennemi, manœuvre exercice, service dans l'intérieur d'un poste.

ART. 2 Pour la composition du conseil de guerre, le colonel de la légion à cheval de la garde nationale est assimilé aux chefs de bataillon de la garde national à pied.

ART. 3. Les capitaines, lieutenants, sous-lieutenants et sous-officiers devant composer le conseil de guerre de chaque section sont désignés par la voie du sort, dans la forme prescrite par l'art. 5 du décret du 27 septembre 1870, pour les chefs de bataillon. En cas d'empêchement d'un juge ainsi nommé, un juge suppléant du même grade est désigné par la même voie. En cas d'empêchement du commissaire de la République, le commandant supérieur peut nommer un commissaire suppléant.

ART. 4. Les conseils de guerre de la garde nationale pourront, dans tous les cas qui seront soumis à leur juridiction, déclarer l'existence de circonstances atténuantes.

ART. 5. Lorsque le conseil de guerre aura reconnu l'existence de circonstances atténuantes en faveur de l'accusé ou du prévenu, il pourra abaisser la peine de un ou plusieurs degrés, et même ne prononcer qu'une ou plusieurs des peines édictées par l'art. 186 du code de justice militaire en matière de délits, sans que la peine de l'amende puisse jamais être prononcée seule, quand il s'agit d'un crime.

ART. 6. L'effet des circonstances atténuantes, en matière de crimes et de délits de droit commun, continue à être régi par l'art. 463 du code pénal.

ART. 7. La peine de destitution prononcée en matière de délits, pour les officiers, en vertu de l'art. 186, emporte l'interdiction de figurer sur les contrôles de la garde nationale.

ART. 8. Tout jugement portant condamnation pour crime est affiché par extrait à la porte des mairies de chacun des vingt arrondissements de Paris, et tout jugement portant condamnation pour délit peut être affiché par extrait à la porte de la mairie de l'arrondissement du condamné, si le conseil de guerre l'ordonne.

ART. 9. Les décisions des conseils de révision pourront être attaquées par voie de recours en cassation, pour cause d'incompétence ou d'excès de pouvoirs. La chambre criminelle de la cour de cassation statuera dans le plus bref délai, toutes affaires cessantes.

Paris, le 12 octobre 1870.

(Suivent les signatures.)

EXTRAITS DE LA LOI DU 9 JUIN-4 AOUT 1857

De l'organisation des Tribunaux militaires.

TITRE 1er

COMPÉTENCE DES CONSEILS DE GUERRE AUX ARMÉES ET DANS LES DIVISIONS TERRITORIALES EN ÉTAT DE SIÉGE

ART. 62 Sont justiciables des conseils de guerre aux armées, pour crimes ou délits : 1° Les justiciables des conseils de guerre dans les divisions territoriales en état de paix ; — 2° Les individus employés, à quelque titre que ce soit, dans les états-majors et dans les administrations et services qui dépendent de l'armée ; — 3° Les vivandiers et vivandières, les cantiniers et cantinières, les blanchisseuses, les marchands, les domestiques et autres individus à la suite de l'armée en vertu de permissions.

Art. 63. Sont justiciables des conseils de guerre, si l'armée est sur le territoire ennemi, tous individus prévenus soit comme auteurs, soit comme complices, d'un des crimes ou délits prévus par le titre II du livre IV du présent Code.

Art. 64. Sont également justiciables des conseils de guerre, lorsque l'armée se trouve sur le territoire français, en présence de l'ennemi, pour les crimes et délits commis dans l'arrondissement de cette armée : 1° Les étrangers prévenus des crimes et délits prévus par l'article précédent ; — 2° Tous individus prévenus, comme auteurs ou complices, des crimes prévus par les articles 204, 205, 206, 207, 209, 249, 250, 251, 252, 253 et 254 du présent code.

Art. 65. Sont traduits devant le conseil de guerre de la division ou du détachement dont ils font partie, les militaires, jusqu'au grade de capitaine inclusivement, et les assimilés de rangs correspondants.

Art. 66. Sont traduits devant le conseil de guerre du quartier général de leur corps d'armée : 1° Les militaires attachés au quartier général, jusqu'au grade de colonel inclusivement, et les assimilés de rangs correspondants attachés à ce quartier général ; — 2° Les chefs de bataillon, les chefs d'escadron et les majors, les lieutenants colonels et les colonels, et les assimilés de rangs correspondants attachés aux divisions composant le corps d'armée.

Art. 67. Sont traduits devant le conseil de guerre du quartier-général de l'armée : 1° Les militaires et les assimilés désignés par l'article précédent lorsqu'il n'a pas été établi de conseil de guerre au quartier général de leur corps d'armée ; — 2° Les militaires et les individus attachés au quartier général de l'armée ; — 3° Les militaires et les individus assimilés aux militaires qui ne font partie d'aucune des divisions ou d'aucun des corps d'armée ; — 4° Les officiers généraux et les individus de rangs correspondants employés dans l'armée. Toutefois, le général en chef peut, s'il le juge nécessaire, les mettre à la disposition du ministre de la guerre, et, dans ce cas, ils sont traduits devant le conseil de guerre d'une des divisions territoriales les plus rapprochées.

Art. 68. Tout individu justiciable des conseils de guerre aux armées, qui n'est ni militaire, ni assimilé aux militaires, est traduit devant l'un des conseils de guerre de l'armée les plus voisins du lieu dans lequel le crime ou le délit a été commis, ou du lieu dans lequel le prévenu a été arrêté.

Art. 69. Les règles de compétence établies pour les conseils de guerre aux armées sont observées dans les divisions territoriales déclarées en état de guerre par un décret de l'Empereur.

CHAPITRE III

COMPÉTENCE DES CONSEILS DE GUERRE DANS LES COMMUNES, LES DÉPARTEMENTS ET LES PLACES DE GUERRE EN ÉTAT DE SIÉGE.

Art. 70. Les conseils de guerre, dans le ressort desquels se trouvent les communes, les départements et les places de guerre déclarés en état de siége, connaissent de tous crimes et délits commis par les justiciables des conseils de guerre aux armées, conformément aux articles 63 et 64 ci-dessus, sans préjudice de l'application de la loi du 9 août 1849 sur l'état de siége.

Art. 70. Les jugements rendus par les conseils de guerre peuvent être attaqués par recours devant les conseils de révision.

TITRE V

DES POURVOIS DEVANT LA COUR DE CASSATION

Art. 80. Ne peuvent, en aucun cas, se pourvoir en cassation contre les jugements des conseils de guerre et des conseils de révision : 1° Les militaires, les assimilés aux militaires et tous autres individus désignés dans les articles 55, 56 et 57 ; — Les individus soumis, à raison de leur position, aux lois et réglements militaires ; — 3° Les justiciables des conseils de guerre dans les cas prévus par les articles 62, 63 et 64 ; 4° Tous individus enfermés dans une place de guerre en état de siége.

Art. 81. Les accusés ou condamnés qui ne sont pas compris dans les désignations de l'article précédent peuvent attaquer les jugements des conseils de guerre et des conseils de révision devant la cour de cassation, mais pour cause d'incompétence seulement.

Le pourvoi en cassation ne peut être formé avant qu'il ait été statué sur le recours en révision ou avant l'expiration du délai fixé pour l'exercice de ce recours.

De la procédure devant les Tribunaux militaires.

TITRE Ier

PROCÉDURE DEVANT LES CONSEILS DE GUERRE

Section Ire

DE LA POLICE JUDICIAIRE ET DE L'INSTRUCTION

ART. 99. La poursuite des crimes et délits ne peut avoir lieu, à peine de nullité, que sur un ordre d'informer donné par le général commandant la division, soit d'office, soit d'après les rapports, actes ou procès-verbaux dressés conformément aux articles précédents.

L'ordre d'informer est donné par le ministre de la guerre, si l'inculpé est colonel, officier général ou maréchal de France.

ART. 100. L'ordre d'informer pour chaque affaire est adressé au commissaire impérial près le conseil de guerre qui doit en connaître, avec les rapports, procès-verbaux, pièces, objets saisis et autres documents à l'appui.

ART. 101. Le rapporteur procède à l'interrogatoire du prévenu.

Il l'interroge sur ses nom, prénoms, âge, lieu de naissance, profession, domicile, et sur les circonstances du délit ; il lui fait représenter toutes les pièces pouvant servir à conviction, et il l'interpelle pour qu'il ait à déclarer s'il les reconnaît.

S'il y a plusieurs prévenus du même délit, chacun d'eux est interrogé séparément, quitte à les confronter, s'il y a lieu.

L'interrogatoire fini, il en est donné lecture au prévenu, afin qu'il déclare si ses réponses ont été fidèlement transcrites, si elles contiennent la vérité et s'il y persiste. L'interrogatoire est signé par le prévenu et clos par la signature du rapporteur et celle du greffier.

Si le prévenu refuse de signer, mention est faite de son refus.

Il est pareillement donné lecture au prévenu des procès-verbaux de l'information.

Art. 102. Le rapporteur cite les témoins par le ministère des agents de la force publique et les entend ; il décerne les commissions rogatoires et fait les autres actes d'instruction que l'affaire peut exiger, en se conformant aux articles 73, 74, 75, 78, 79, 82, 83 et 85 du Code d'instruction criminelle.

Art. 106. L'ordre de mise en jugement est adressé au commissaire impérial avec toutes les pièces de la procédure,

Trois jours avant la réunion du conseil de guerre, le commissaire impérial notifie cet ordre à l'accusé, en lui faisant connaître le crime ou le délit pour lequel il est mis en jugement, le texte de la loi applicable, et les noms des témoins qu'il se propose de faire citer.

Il l'avertit, en outre, à peine de nullité, que s'il ne fait pas choix d'un défenseur, il lui en sera nommé un d'office par le président.

Art. 112. Le défenseur de l'accusé peut communiquer avec lui aussitôt l'accomplissement des formalités prescrites par l'art. 109 ; Il peut aussi prendre communication sans déplacement ou obtenir copie, à ses frais, de tout ou partie des pièces de la procédure, sans néanmoins que la réunion du conseil puisse être retardée.

Section III.

DE L'EXAMEN ET DU JUGEMENT.

Art. 113. Le conseil de guerre se réunit au jour et à l'heure fixés par l'ordre de convocation.

Des exemplaires du présent Code, du Code d'instruction criminelle et du Code pénal ordinaire sont déposés sur le bureau.

Les séances sont publiques à peine de nullité ; néanmoins, si cette publicité paraît dangereuse pour l'ordre ou pour les mœurs, le conseil ordonne que les débats aient lieu à huis clos. Dans tous les cas, le jugement est prononcé publiquement.

Le conseil peut interdire le compte rendu de l'affaire ; cette interdiction ne peut s'appliquer au jugement.

Art. 114. Le président a la police de l'audience.

Art. 117. Le président fait amener l'accusé, lequel comparaît sous garde suffisante, libre et sans fers, assisté de son défenseur; il lui demande ses nom et prénoms, son âge, sa profession, sa demeure et le lieu de sa naissance; si l'accusé refuse de répondre, il est passé outre.

Art. 119. Le président peut faire retirer de l'audience et reconduire en prison tout accusé qui, par des clameurs ou par tout autre moyen propre à causer du tumulte, met obstacle au libre cours de la justice, et il est procédé aux débats et au jugement comme si l'accusé était présent. L'accusé peut être condamné, séance tenante, pour ce seul fait, à un emprisonnement qui ne peut excéder deux ans.

Si l'accusé militaire ou assimilé aux militaires se rend coupable de voies de fait, ou d'outrages ou menaces par propos ou gestes, envers le conseil ou l'un de ses membres, il est condamné, séance tenante, aux peines prononcées par le présent Code contre ces crimes ou délits, lorsqu'ils ont été commis envers des supérieurs pendant le service.

Dans le cas prévu par le paragraphe précédent, si l'accusé n'est ni militaire, ni assimilé aux militaires, il est condamné aux peines portées par le Code pénal ordinaire.

Art. 120. Dans les cas prévus par les articles 115, 116 et 119 du présent Code, le jugement rendu, le greffier en donne lecture à l'accusé et l'avertit du droit qu'il a de former un recours en révision dans les vingt-quatre heures. Il dresse procès-verbal, le tout à peine de nullité.

Art. 121. Le président fait lire par le greffier l'ordre de convocation, le rapport prescrit par l'article 108 du présent Code, et les pièces dont il lui paraît nécessaire de donner connaissance au conseil; il fait connaître à l'accusé le crime ou le délit pour lequel il est poursuivi; il l'avertit que la loi lui donne le droit de dire tout ce qui est utile à sa défense; il avertit aussi le défenseur de l'accusé qu'il ne peut rien dire contre sa conscience, ou contre le respect qui est dû aux lois, et qu'il doit s'exprimer avec décence et modération.

Art. 122. Aucune exception tirée de la composition du conseil, aucune récusation, ne peuvent être proposées contre les membres du conseil de guerre, sans préjudice du droit pour l'accusé de former un recours en révision, dans les cas prévus par l'article 74, n° 1, du présent Code.

Art. 123. Si l'accusé a des moyens d'incompétence à

faire valoir, il ne peut les proposer devant le conseil de guerre qu'avant l'audition des témoins.

Cette exception est jugée sur-le-champ.

Si l'exception est rejetée, le conseil passe au jugement de l'affaire, sauf à l'accusé à se pourvoir contre le jugement sur la compétence en même temps que contre la décision rendue sur le fond.

Il en est de même pour le jugement de toute autre exception ou de tout incident soulevé dans le cours des débats.

ART. 124. Les jugements sur les exceptions, les moyens d'incompétence et des incidents sont rendus à la majorité des voix.

ART. 126. Dans le cas où l'un des témoins ne se présente pas, le conseil de guerre peut passer outre aux débats, et lecture est donnée de la déposition du témoin absent.

ART. 127. Si, d'après les débats, la déposition d'un témoin paraît fausse, le président peut, sur la réquisition, soit du commissaire impérial, soit de l'accusé, et même d'office, faire sur-le-champ mettre le témoin en état d'arrestation. Si le témoin est justiciable des conseils de guerre, le président, ou l'un des juges nommés par lui, procède à l'instruction. Quand elle est terminée, elle est envoyée au général commandant la division.

Si le témoin n'est pas justiciable des conseil de guerre, le président, après avoir dressé procès-verbal et avoir fait arrêter l'inculpé, s'il y a lieu, le renvoie, avec le procès-verbal, devant le procureur impérial du lieu où siége le conseil de guerre.

ART. 130. Le président procède à l'interrogatoire de l'accusé et reçoit les dépositions des témoins.

Le commissaire impérial est entendu dans ses réquisitions et développe les moyens qui appuient l'accusation.

L'accusé et son défenseur sont entendus dans leur défense.

Le commissaire impérial réplique, s'il le juge convenable; mais l'accusé et son défenseur ont toujours la parole les derniers.

Le président demande à l'accusé s'il n'a rien à ajouter à sa défense, et déclare ensuite que les débats sont terminés.

ART. 131. Le président fait retirer l'accusé.

Les juges se rendent dans la chambre du conseil, ou, si les localités ne le permettent pas, le président fait retirer l'auditoire.

Les juges ne peuvent plus communiquer avec personne ni se séparer avant que le jugement ait été rendu. Ils délibèrent hors la présence du commissaire impérial et du greffier.

Ils ont sous les yeux les pièces de la procédure.

Le président recueille les voix, en commençant par le grade inférieur ; il émet son opinion le dernier.

ART. 182. Les questions sont posées par le président dans l'ordre suivant pour chacun des accusés :

1° L'accusé est-il coupable du fait qui lui est imputé ?

2° Ce fait a-t-il été commis dans telle ou telle circonstance aggravante ?

3° Ce fait a-t-il été commis dans telle ou telle circonstance qui le rend excusable d'après la loi ?

Si l'accusé est âgé de moins de seize ans, le président pose cette question : l'accusé a-t-il agi avec discernement ?

ART. 133. Les questions indiquées par l'article précédent ne peuvent être résolues contre l'accusé qu'à la majorité de cinq voix contre deux.

134. Si l'accusé est déclaré coupable, le conseil de guerre délibère sur l'application de la peine.

Dans les cas où la loi autorise l'admission des circonstances atténuantes, si le conseil de guerre reconnaît qu'il en existe en faveur de l'accusé, il le déclare à la majorité absolue des voix.

La peine est prononcée à la majorité de cinq voix contre deux.

Si aucune peine ne réunit cette majorité, l'avis le plus favorable sur l'application de la peine est adopté.

ART. 135. En cas de conviction de plusieurs crimes ou délits, la peine la plus forte est seule prononcée.

ART. 136. Le jugement est prononcé en séance publique.

Le président donne lecture des motifs et du dispositif.

Si l'accusé n'est pas reconnu coupable, le conseil prononce son acquittement, et le président ordonne qu'il soit mis en liberté, s'il n'est retenu pour autre cause.

Si le conseil de guerre déclare que le fait commis par l'accusé ne donne lieu à l'application d'aucune peine, il prononce son absolution, et le président ordonne qu'il sera mis en liberté à l'expiration du délai fixé pour le recours en révision.

ART. 137. Tout individu acquitté ou absous ne peut être repris ni accusé à raison du même fait.

ART. 138. Si le condamné est membre de l'ordre impérial de la Légion d'honneur ou décoré de la Médaille militaire, le jugement déclare, dans les cas prévus par les lois, qu'il cesse de faire partie de la Légion d'honneur ou d'être décoré de la Médaille militaire.

ART. 139. Le jugement qui prononce une peine contre l'accusé le condamne aux frais envers l'Etat. Il ordonne, en outre, dans les cas prévus par la loi, la confiscation des objets saisis et la restitution, soit au profit de l'Etat, soit au profit des propriétaires, de tous objets saisis ou produits au procès comme pièces de conviction.

ART. 140. Le jugement fait mention de l'accomplissement de toutes les formalités prescrites par la présente section.

Il ne reproduit ni les réponses de l'accusé, ni les dépositions des témoins.

Il contient les décisions rendues sur les moyens d'incompétence, les exceptions et les incidents.

Il énonce à peine de nullité : 1° Les noms et grades des juges ; — 2° Les nom, prénoms, âge, profession et domicile de l'accusé ; — 3° Le crime ou le délit pour lequel l'accusé a été traduit devant le conseil de guerre ; — 4° La prestation de serment des témoins ; — 5° Les réquisitions du commissaire impérial ; — 6° Les questions posées, les décisions et le nombre des voix ; — 7° Le texte de la loi appliquée ; — 8° La publicité des séances ou la décision qui a ordonné le huis clos ; — 9° La publicité de la lecture du jugement faite par le président.

Le jugement, écrit par le greffier, est signé sans désemparer par le président, les juges et le greffier.

ART. 141. Le commissaire impérial fait donner lecture du jugement à l'accusé par le greffier, en sa présence et devant la garde rassemblée sous les armes.

Aussitôt après cette lecture, il avertit le condamné que la loi lui accorde vingt-quatre heures pour exercer son recours devant le conseil de révision.

Le greffier dresse du tout un procès-verbal signé par lui et par le commissaire impérial.

ART. 143. Le délai de vingt-quatre heures accordé au condamné pour se pourvoir en révision court à partir de l'expiration du jour où le jugement lui a été lu.

La déclaration du recours est reçue par le greffier ou par le directeur de l'établissement où est détenu le condamné. La déclaration peut être faite par le défenseur du condamné.

ART. 144. Dans le cas d'acquittement ou d'absolution de l'accusé, l'annulation du jugement ne pourra être poursuivie par le commissaire impérial que conformément aux articles 405 et 410 du Code d'instruation criminelle.

Le recours du commissaire impérial est formé, au greffe, dans le délai prescrit par l'article précédent.

ART. 145. S'il n'y a pas de recours en révision, et si, aux termes de l'article 80 du présent Code, le pourvoi en cassation est interdit, le jugement est exécutoire dans les vingt-quatre heures après l'expiration du delai fixé pour le recours.

S'il y a recours en révision, il est sursis à l'exécution du jugement.

ART. 146. Si le recours un révision est rejeté, et si, aux termes de l'article 80 du présent Code, le pourvoi en cassation est interdit, le jugement de condamnation est exécuté dans les vingt-quatre heures après la réception du jugement qni a rejeté le recours.

ART. 146. Lorsque la voie dn pourvoi en cassation est ouverte. aux termes de l'arîicle 81 du présent Code, le condamné doit former son pourvoi dans les trois jours qui suivent la notification de la décision du conseil de révision, et, s'il n'y a pas eu recours devant ce conseil, dans les trois jours qui suivent l'expiration du délai accordé pour l'exercer.

Le pourvoi en cassation est reçu par le greffier ou par le directeur de l'établissement où est détenu le condamné.

ART. 148. Dans le cas où le pourvoi en cassation est autorisé par l'article 86 du présent Code, s'il n'y a pas eu pourvoi, le jugement de condamnation est exécuté dans les vingt-quatre heures après l'expiration du délai fixé pour le pourvoi, et, s'il y a eu pourvoi, dans les vingt-quatre heures après la réception de l'arrêt qui l'a rejeté.

ART. 149. Le commissaire impérial rend compte au général commandant la division, suivant les cas, soit du jugement de rejet du conseil de révision, soit de l'arrêt de rejet de la cour de cassation, soit du jugement du conseil de guerre, s'il n'y a eu, dans les délais, ni recours en révision, ni pourvoi en cassation, il requiert l'exécution du jugement.

ART. 150. Le général commandant la division peut suspendre l'exécution d un jugement, à la charge d'en informer sur-le-champ le ministre de la guerre.

ART. 151. Les jugements des conseils de guerre sont exécutés sur les ordres du général commandant la division et à la diligence du commissaire impérial, en présence du greffier, qui dresse procès-verbal.

La minute de ce procès-verbal est annexée à la minute du jugement. en marge de laquelle il est fait mention de l'exécution.

Dans les trois jours de l'exécution, le commissaire impérial est tenu d'adresser une expédition du jugement au chef du corps dont faisait partie le condamné.

Si le condamné est membre de la Légion d'honneur, décoré de la Médaille militaire ou d'un ordre étranger, il est également adressé une expédition au grand chancelier.

Toute expédition du jugement de condamnation fait mention de l'exécution.

CHAPITRE II

PROCÉDURE DEVANT LES CONSEILS DE GUERRE AUX ARMÉES, DANS LES DIVISIONS TERRITORIALES EN ÉTAT DE GUERRE, ET DANS LES COMMUNES, LES DÉPARTEMENTS ET LES PLACES DE GUERRE EN ÉTAT DE SIÉGE.

ART. 15?. La procédure établie par les conseils de guerre dans les divisions territoriales en état de paix est suivie dans les conseils de guerre aux armées, dans les division territoriales en état de guerre, dans les communes, les départements et les places de guerre en état de siége, sauf les modifications portées dans les articles suivants.

ART. 155. L'ordre de mise en jugement et de convocation du conseil de guerre est donné par l'officier qui a ordonné l'information.

ART. 156, L'accusé peut être traduit directement, et sans instruction préalable, devant le conseil de guerre.

Art. 158. Les conseils de guerre aux armées, dans les divisions territoriales en état de guerre, dans les communes, les départements et les places de guerre en état de siége, statuent, séance tenante, sur tous les crimes et délits commis à l'audience, alors même que le coupable ne serait pas leur justiciable.

TITRE II

PROCÉDURE DEVANT LES CONSEILS DE RÉVISION.

Art. 159. Après la déclaration du recours, le commissaire impérial près le conseil de guerre adresse sans retard au commissaire impérial près le conseil de révision une expédition du jugement et de l'acte e recours. Il y joint les pièces de la procédure et la requête de l'accusé, si elle a été déposée.

Art. 160. Le commissaire impérial près le conseil de révision envoie sur-le-champ les pièces de la procédure au greffe du conseil, où elles restent déposées pendant vingt-quatre heures.

Art. 162. Le conseil de révision prononce dans les trois jours, à dater du dépôt des pèces.

Art. 163. Les juges se retirent dans la chambre du conseil; si les localités ne le permettent pas, ils font retirer l'auditoire; ils délibèrent hors de la présence du commissaire impérial et du greffier.

Ils statuent, sans désemparer et à la majorité des voix sur chacun des moyens proposés.

Le président recueille les voix, en commençant par le grade inférieur. Toutefois, le rapporteur opine toujours le premier.

Le jugement est motivé. En cas d'annulation, le texte de la loi violée ou faussement appliquée est transcrit dans le jugement.

Le jugement est prononcé par le président, en audience publique.

La minute est signée par le président et par le greffier.

Art. 165. Si le recours est rejeté, le commissaire impérial transmet le jugement du conseil de révision et les pièces au commissaire impérial près le conseil de guerre qui a rendu le jugement, et il en donne avis au général commandant la division.

Art. 170. Si le conseil de révision annule le jugement pour incompétence, il prononce le renvoi devant la juridiction compétente, et s'il l'annule pour tout autre motif, il renvoie l'affaire devant le conseil de guerre de la division qui n'en a pas connu, ou, à défaut d'un second conseil de guerre dans la division, devant celui d'une des divisions voisines.

ART. 171. Si le deuxième jugement est annulé, l'affaire doit être renvoyée devant un conseil de guerre qui n'en ait point connu.

ART. 172. Les dispositions des articles 110. 112, 113 et 115 du présent Code, relatifs aux conseils de guerre, sont applicables aux conseils de révision.

Dans les cas prévus par l'article 112, il est procédé comme au dernier paragraphe de cet article.

Dans tous les cas, les décisions sont prises à la majorité indiquée par l'article 165.

LIVRE IV
DES CRIMES, DES DÉLITS ET DES PEINES

—

TITRE Ier
DES PEINES ET DE LEURS EFFETS

ART. 185. Les peines qui peuvent être appliquées par les tribunaux militaires en matière de crime sont :

La mort. — Les travaux forcés à perpétuité. — La déportation. — Les travaux forcés à temps. — La détention. — La réclusion. — Le bannissement. — La dégradation militaire.

ART. 186. Les peines en matière de délit sont :

La destitution. — Les travaux publics. — L'emprisonnement. — L'amende.

ART. 187. Tout individu condamné à la peine de mort par un conseil de guerre est fusillé.

ART. 188. Lorsque la condamnation à la peine de mort est prononcée contre un militaire en vertu des lois pénales ordinaires, elle entraine de plein droit la dégradation militaire.

ART. 189. Les peines des travaux forcés, de la déportation, de la détention, de la réclusion et du bannissement, sont appliquées conformément aux dispositions du Code pénal ordinaire.

Elles ont les effets déterminés par ce code et emportent, en outre, la dégradation militaire.

ART. 190. Tout militaire qui doit subir la dégradation militaire, soit comme peine principale, soit comme accessoire d'une peine autre que la mort, est conduit devant la troupe sous les armes. Après la lecture du jugement, le commandant prononce ces mots à haute voix : « N... N .. (nom et prénoms du condamné), vous êtes indigne de porter les armes ; de par l'Empereur, nous vous dégradons. »

Aussitôt après, tous les insignes militaires et les décorations dont le condamné est revêtu sont enlevés ; et, s'il est officier, son épée est brisée et jetée à terre devant lui.

La dégradation militaire entraîne : 1° La privation du grade et du droit d'en porter les insignes et l'uniforme ; — 2° L'incapacité absolue de servir dans l'armée, à quelque titre que ce soit, et les autres incapacités prononcées par les articles 28 et 34 du Code pénal ordinaire ; — 3° La privation du droit de porter aucune décoration, et la déchéance de tout droit à pension et à récompense pour les services antérieurs.

ART. 191. La dégradation militaire, prononcée comme peine principale, est toujours accompagnée d'un emprisonnement dont la durée, fixée par le jugement, n'excède pas cinq années.

ART. 192. La destitution entraîne la privation du grade ou du rang, et du droit d'en porter les insignes distinctifs et l'uniforme.

L'officier destitué ne peut obtenir ni pension, ni récompense, à raison de ses services antérieurs.

ART. 193. Le condamné à la peine des travaux publics est conduit à la parade revêtu de l'habillement déterminé par les réglements.

Il y entend devant les troupes la lecture de son jugement.

Il y est employé aux travaux d'utilité publique. Il ne peut, en aucun cas, être placé dans les mêmes ateliers que les condamnés aux travaux forcés.

La durée de la peine est de deux ans au moins et de dix ans au plus.

ART. 194. La durée de l'emprisonnement est de six jours au moins et de cinq ans au plus.

ART. 195. Lorsque les lois pénales prononcent la peine de l'amende, les tribunaux militaires peuvent remplacer cette peine par un emprisonnement de six jours à six mois.

Art. 196. Dans les cas prévus per les articles 76, 77, 78 et 79 du présent Code, le tribunal compétent applique aux militaires et aux individus assimilés aux militaires les peines prononcées par les lois militaires, aux individus appartenant à l'armée de mer les peines prononcées par les lois maritimes, et à tous autres individus les peines prononcées par les lois ordinaires, à moins qu'il n'en soit autrement ordonné par une disposition expresse de la loi.

Les peines prononcées contre l s militaires sont exécutées conformément aux dispositions du présent Code et à la diligence de l'autorité militaire.

Art 197. Dans les mêmes cas, si les individus non militaires et non assimilés aux mi itaires sont déclarés coupables d'un crime ou d'un délit non p.évu par les lois pénales ordinaires, ils sont condamnés aux peines portées par le présent Code contre ce crime ou ce délit.

Toutefois, les peines militaires sont remplacées à leur égard ainsi qu'il suit : 1° La dégradation militaire prononcée comme peine principale, par la dégradation civique ; — 2° La destitution et les travaux publics, par un emprisonnement d'un an à cinq ans.

Art. 198 Lorsque des individus non militaires ou non assimilés aux militaires sont traduits devant un conseil de guerre, ce conseil peut leur faire application de l'article 493 du Code pénal ordinaire.

Art. 199. Les dispositions des articles 66, 67 et 69 du Code pénal ordinaire, concernant les individus âgés de moins de seize ans, sont observées par les tribunaux militaires

S'il est décidé que l'accusé a agi avec discernement, les peines de la dégradation militaire, de la destitution et des travaux publics sont remplacées par un emprisonnement d'un an à cinq ans dans une maison de correction.

Art. 200 Les peines prononcées par les tribunaux militaires commencent à courir, savoir :

Celle des travaux forcés, de la déportation, de la détention, de la réclusion et du bannissement, à partir du jour de la dégradation militaire ;

Celle des travaux publics, à partir du jour de la lecture du jugement devant les troupes.

Les autres peines comptent du jour où la condamnation

est devenue irrévocable. Toutefois, si le condamné à l'emprisonnement n'est pas détenu, la peine court du jour où il est écroué.

Art. 201. Toute condamnation prononcée contre un officier, par quelque tribunal que ce soit, pour l'un des délits prévus par les articles 401, 402, 403, 405, 406, 407 et 408 du Code pénal ordinaire, entraîne la perte du grade

Art 202 — Les articles 2, 3, 59, 60, 61, 62, 63, 64 et 65 du Code pénal ordinaire, relatifs à la tentative de crime ou de délit, à la complicité et aux cas d'excuses, sont applicables devant les tribunaux militaires, sauf les dérogations prévues par le présent Code

Art. 203. Les fonctionnaires, agents, employés militaires et autres assimilés aux militaires sont, pour l'application des peines, considérés comme officiers, sous-officiers ou soldats, suivant le grade auquel leur rang correspond.

TITRE II
DES CRIMES, DES DÉLITS ET DE LEUR PUNITION

CHAPITRE 1er
TRAHISON, ESPIONNAGE ET EMBAUCHAGE

Art. 204. Est puni de mort, avec dégradation militaire, tout militaire français, ou au service de la France, qui porte les armes contre la France.

Est puni de mort tout prisonnier de guerre qui, ayant faussé sa parole, est repris les armes à la main.

Art. 205. Est puni de mort, avec dégradation militaire, tout militaire : 1° Qui livre à l'ennemi ou dans l'intérêt de l'ennemi, soit la troupe qu'il commande, soit la place qui lui est confiée, soit les approvisionnements de l'armée, soit les plans des places de guerre ou des arsenaux maritimes, des ports ou rades, soit le mot d'ordre, ou le secret d'une opération, d'une expédition ou d'une négociation ; — 2° Qui entretient des intelligences avec l'ennemi, dans le but de favoriser ses entreprises ; — 3° Qui participe à des complots dans le but de forcer le commandant d'une place assiégée à se rendre ou à capituler ; — 4° Qui provoque la fuite ou empêche le ralliement en présence de l'ennemi.

Art 206. Est considéré comme espion, et puni de mort, avec dégradation militaire : 1° Tout militaire qui s'introduit dans une place de guerre, dans un poste ou établissement militaire, dans les travaux, camps, bivouacs ou cantonnements d'une armée, pour s'y procurer des documents ou renseignements dans l'intérêt de l'ennemi; — 2° Tout militaire que procure à l'ennemi des renseignements susceptibles de nuire aux opérations de l'armée ou de compromettre la sûreté des places, postes ou autres établissements militaires; — 3° Tout militaire qui, sciemment, recèle ou fait recéler les espions ou les ennemis envoyés à la découverte.

ART. 207. Est puni de mort, tout ennemi qui s'introduit déguisé dans un des lieux désignés en l'article précédent.

ART. 208. Est considéré comme embaucheur et puni de mort, tout individu convaincu d'avoir provoqué des militaires à passer à l'ennemi ou aux rebelles armés, de leur en avoir sciemment facilité les moyens, ou d'avoir fait des enrôlements pour une puissance en guerre avec la France.

Si le coupable est militaire, il est en outre puni de la dégradation militaire.

CHAPITRE II
CRIMES OU DÉLITS CONTRE LE DEVOIR MILITAIRE

ART. 209. Est puni de mort, avec dégradation militaire, tout gouverneur ou commandant qui, mis en jugement après avis d'un conseil d'enquête, est reconnu coupable d'avoir capitulé avec l'ennemi et rendu la place qui lui était confiée, sans avoir épuisé tous les moyens de défense dont il disposait, et sans avoir fait tout ce que prescrivaient le devoir et l'honneur.

ART. 210. Tout général, tout commandant d'une troupe armée, qui capitule en rase campagne, est puni : 1° De la peine de mort, avec dégradation militaire, si la capitulation a eu pour résultat de faire poser les armes à sa troupe, ou si, avant de traiter verbalement ou par écrit, il n'a pas fait tout ce que lui prescrivaient le devoir et l'honneur; — 2° De la destitution dans tous les autres cas.

ART. 211. Tout militaire qui, étant en faction ou en vedette, abandonne son poste sans avoir rempli sa consigne, est puni : 1° De la peine de mort, s'il était en présence de l'ennemi ou de rebelles armés; — 2° De deux ans à cinq ans de travaux publics, si, hors le cas prévu par le paragraphe précédent, il était sur un territoire en état de guerre ou en état de siège; — 3° D'un emprisonnement de deux mois à un an dans tous les autres cas

ART. 212. Tout militaire qui, étant en faction ou en vedette, est trouvé endormi, est puni : 1° De deux ans à cinq ans de travaux publics, s'il était en présence de l'ennemi ou de rebelles armés ; — 2° De six mois à un an d'emprisonnement si, hors le cas prévu par le paragraphe précédent il était sur un territoire en état de guerre ou en état de siége ; — 3° De deux mois à six mois d'emprisonnement dans tous les autres cas.

ART. 213. Tout militaire qui abandonne son poste est puni : 1° De la peine de mort, si l'abandon a eu lieu en présence de l'ennemi ou de rebelles armés ; 2° De deux à cinq ans d'emprisonnement, si, hors le cas prévu par le paragraphe précédent, l'abandon a eu lieu sur un territoire en état guerre ou en état de siége ; — 3° De deux mois à six mois d'emprisonnement, dans tous les autres cas.

Si le coupable est chef de poste, le maximum de la peine lui est toujours infligé.

ART 214. En temps de guerre, aux armées, ainsi que dans les communes, les départements et les places de guerre en état de siége, tout militaire qui ne se rend pas à son poste encas d'alerte ou lorsque la générale est battue, est puni de six mois à deux ans d'emprisonnement ; s il est officier, la peine est celle de la destitution.

ART. 215. Tout militaire qui, hors le cas d'excuse légitime, ne se rend pas au conseil de guerre où il est appelé à siéger, est puni d'un emprisonnement de deux mois à six mois.

En cas de refus, si le coupable est officier, il peut être puni de la destitution.

ART. 216. Les disposition des articles 237, 238, 239, 240, 241, 242, 243, 247 et 248 du Code pénal ordinaire sont applicables aux militaires qui laissent évader des prisonniers de guerre ou d'autres individus arrêtés, détenus ou confiés à leur garde, ou qui favorisent ou procurent l'évasion de ces individus, ou les recèlent ou les font recéler.

CHAPITRE III

RÉVOLTE, INSUBORDINATION ET RÉBELLION

ART. 217. Sont considérés comme en état de révolte et punis de mort : 1° Les militaires sous les armes qui, réunis au nombre de quatre au moins et agissant de concert, refusent à la première sommation d'obéir aux ordres de leurs chefs ; — 2° Les militaires qui, au nombre de quatre au moins, prennent les armes sans autorisation et agissent contre les ordres de leurs chefs ; — 3° Les militaires qui, réunis au nombre de huit au moins, se livrent à des violences en faisant usage de leurs armes, et refusent, à la voix de leurs supérieurs, de se disperser ou de rentrer dans l'ordre.

Néanmoins, dans tous les cas prévus par le présent article, la peine de mort n'est infligée qu'aux instigateurs ou chefs de la révolte et au militaire le plus élevé en grade. Les autres coupables seront punis de cinq ans à dix ans de travaux publics, ou, s'ils sont officiers, de la destitution avec emprisonnement de deux à cinq ans

Dans le cas prévu par le n° 3 du présent article, si les coupables se livrent à des violences, sans faire usage de leurs armes, ils sont punis de cinq ans à dix ans de travaux publics, ou, s'ils sont officiers, de la destitution, avec emprisonnement de deux à cinq ans.

ART. 218. Est puni de mort, avec dégradation militaire, tout militaire qui refuse d'obéir lorsqu'il est commandé pour marcher contre l'ennemi, ou pour tout autre service ordonné par son chef en présence de l'ennemi ou de rebelles armés.

Si, hors le cas prévu par le paragraphe précédent, la désobéissance a eu lieu sur un territoire en état de guerre ou de siége, la peine est de cinq ans à dix ans de travaux publics, ou, si le coupable est officier, de la destitution, avec emprisonnement de deux ans à cinq ans.

Dans tous les autres cas, la peine est celle de l'emprisonnement d'un an à deux ans, ou, si le coupable est officier, celle de la destitution.

ART. 219. Tout militaire qui viole ou force une consigne est puni.

6° De la peine de la détention, si la consigne a été violée ou forcée en présence de l'ennemi ou de rebelles armés ; — 2° De deux ans à dix ans de travaux publics, ou, si le coupable est officier, de la destitution, avec emprisonnement de un an à cinq ans, quand, hors le cas prévu par le paragraphe précédent le fait a eu lieu sur un territoire en état de guerre ou de siége ; — D'un emprisonnement de deux à trois ans, dans tous les autres cas.

ART. 220 Est puni de mort tout militaire coupable de violence à main armée envers une sentinelle ou vedette.

Si les violences n'ont pas eu lieu à main armée et ont été commises par un militaire assisté d'une ou plusieurs personnes, la peine est de cinq ans à dix ans de travaux publics. Si, parmi les coupables, il se trouve un officier, il est puni de la destitution, avec emprisonnement de deux ans à cinq ans.

La peine est réduite à un emprisonnement d'un an à cinq ans, si les violences ont été commises par un militaire seul et sans armes.

Est puni de six jours à un an d'emprisonnement, tout militaire qui insulte une sentinelle par paroles, gestes ou menaces.

Art. 221. Est punie de mort, avec dégradation militaire, toute voie de fait commise avec préméditation ou guet-apens par un militaire envers son supérieur.

Art. 222. Est punie de mort toute voie de fait commise sous les armes par un militaire envers son supérieur.

Art. 223. Les voies de fait, exercées, pendant le service ou à l'occasion du service, par un militaire envers son supérieur, sont punies de mort.

Si les voies de fait n'ont pas eu lieu pendant le service ou à l'occasion du service, le coupable est puni de la destitution, avec emprisonnement de deux à cinq ans s'il est officier, caporal, brigadier ou soldat.

Art. 224. Tout militaire qui, pendant le service ou à l'occasion du service, outrage son supérieur par paroles, gestes ou menaces est puni de la destitution, avec emprisonnement d'un an à cinq ans, si ce militaire est officier, et de cinq à dix ans de travaux publics, s'il est sous-officier, caporal, brigadier ou soldat.

Si les outrages n'ont pas eu lieu pendant le service ou à l'occasion du service, la peine est de un an à cinq ans d'emprisonnement.

Art. 225. Tout militaire coupable de rébellion envers la force armée et les agents de l'autorité est puni de deux mois à six mois d'emprisonnement, et de six mois à deux ans de la même peine si la rébellion a eu lieu avec armes.

Si la rébellion a été commise par plus de deux militaires, sans armes, les coupables sont punis de deux ans à cinq ans d'emprisonnement, et de la réclusion si la rébellion a eu lieu avec armes.

Toute rébellion commise par des militaires armés au

nombre de huit au moins est punie conformément au paragraphes 3 et 5 de l'article 217 du présent Code.

Le maximum de la peine est toujours infligé aux instigateurs ou chefs de rébellion et au militaire le plus élevé en grade.

CHAPITRE IV.
ABUS D'AUTORITÉ.

ART. 226. Est puni de mort tout chef militaire qui, sans provocation, ordre ou autorisation dirige ou fait diriger une attaque à main armée contre des troupes ou des sujets quelconques d'une puissance alliée ou neutre.

Est puni de la destitution, tout chef militaire qui, sans provocation, ordre ou autorisation, commet un acte d'hostilité quelconque sur un territoire allié ou neutre.

ART. 227. Est puni de mort tout chef militaire qui prolonge les hostilités après avoir reçu l'avis officiel de la paix, d'une trêve ou d'un armistice.

ART. 228. Est puni de mort, tout militaire qui prend un commandement sans ordre ou motif légitime, ou qui le retient contre l'ordre de ses chefs.

ART. 229. Est puni d'un emprisonnement de deux mois à cinq ans, tout militaire qui frappe son inférieur hors les cas de la légitime défense de soi-même ou d'autrui, ou du ralliement des fuyards, ou de la nécessité d'arrêter le pillage ou la dévastation.

CHAPITRE V
INSOUMMISSION ET DÉSERTION.

Section Ire.
INSOUMISSION.

ART. 230. Est considéré comme insoumis, et puni d'un emprisonnement de six jours à un an, tout jeune soldat appelé par la loi, tout engagé volontaire ou tout remplaçant qui, hors les cas de force majeure, n'est pas rendu à sa destination dans le mois qui suit le jour fixé par son ordre de route.

En temps de guerre, la peine est d'un mois à deux ans d'emprisonnement.

Section II.
DÉSERTION A L'INTÉRIEUR.

ART. 231. Est considéré comme déserteur à l'intérieur :
1° Six jours après celui de l'absence constatée, tout sous-

officier, caporal, brigadier ou soldat qui s'absente de son corps ou détachement sans autorisation : néanmoins, si le soldat n'a pas six mois de service, il ne peut être considéré comme déserteur qu'après un mois d'absence ; — 2° Tout sous-officier, caporal, brigadier ou soldat voyageant isolément d'un corps à un autre, ou dont le congé ou la permission est expiré, et qui, dans les quinze jours qui suivent celui qui a été fixé pour son retour ou son arrivée au corps, ne s'y est pas présenté.

ART. 232. Tout sous-officier, caporal, brigadier ou soldat, coupable de désertion à l'intérieur en temps de paix, est puni de deux ans à cinq ans d'emprisonnement, et de deux à cinq ans de travaux publics si la désertion a eu lieu en temps de guerre, ou d'un territoire en état de guerre ou de siége.

La peine ne peut être moindre de trois ans d'emprisonnement ou de travaux publics, suivant les cas, dans les circonstances suivantes. 1° Si le coupable a emporté une de ses armes, un objet d'équipement ou d'habillement, ou s'il a emmené son cheval ; — 2° S'il a déserté étant de service, sauf les cas prévus par les articles 211 et 213 du présent Code ; — 3° S'il a déserté antérieurement.

ART. 233. Est puni de six mois à un an d'emprisonnement, tout officier absent de son corps ou de son poste sans autorisation, depuis plus de six jours, ou qui ne s'y présente pas quinze jours après l'expiration de son congé ou de sa permission, sans préjudice de l'application, s'il y a lieu, des dispositions de l'article 1er de la loi du 19 mai 1834, sur l'état des officiers.

Tout officier qui abandonne son corps ou son poste sur un territoire en état de guerre ou de siége est déclaré déserteur après les délais déterminés par le paragraphe précédent, et puni de la destitution avec emprisonnement de deux à cinq ans.

ART. 234. En temps de guerre, les délais fixés par les articles 231 et 233 précédents sont réduits de moitié.

Section III.

DÉSERTION À L'ÉTRANGER.

ART. 235. Est déclaré déserteur à l'étranger, trois jours après celui de l'absence constatée, tout militaire qui franchit sans autorisation les limites du territoire français, ou qui, hors de France, abandonne le corps auquel il appartient.

ART. 236. Tout sous-officier, caporal, brigadier ou soldat, coupable de désertion à l'étranger, est puni de deux ans à cinq ans de travaux publics, si la désertion a eu lieu en temps de paix.

Il est puni de cinq ans à dix ans de la même peine, si la désertion a eu lieu en temps de guerre, ou d'un territoire en état de guerre ou de siége.

La peine ne peut être moindre de trois ans de travaux publics dans le cas prévu par le paragraphe 1er, et de sept dans le cas du paragraphe 2, dans les circonstances suivantes : 1° Si le coupable a emporté une de ses armes, un objet d'habillement ou d'équipement, ou s'il a emmené son cheval ; — 2° S'il a déserté étant de service, sauf les cas prévus par les articles 211 et 213 ; 3° S'il a déserté antérieurement.

ART. 237. Tout officier coupable de désertion à l'étranger est puni de la destitution, avec emprisonnement d'un an à cinq ans, si la désertion a eu lieu en temps de paix, et de la détention si la désertion a eu lieu en temps de guerre, ou d'un territoire en état de guerre ou de siége.

Section IV.
DÉSERTION A L'ENNEMI OU EN PRÉSENCE DE L'ENNEMI.

ART. 238. Est puni de mort, avec dégradation militaire, tout militaire coupable de désertion à l'ennemi.

ART. 239. Est puni de détention, tout déserteur en présence de l'ennemi.

Section V
DISPOSITIONS COMMUNES AUX SECTIONS PRÉCÉDENTES.

ART. 240. Est réputée désertion avec complot, toute désertion effectuée de concert par plus de deux militaires.

ART. 241. Est puni de mort : 1° Le coupable de désertion avec complot en présence de l'ennemi ; — 2° Le chef du complot de désertion à l'étranger.

Le chef du complot de désertion à l'intérieur est puni de cinq ans à dix ans de travaux publics, s'il est sous-officier, caporal, brigadier ou soldat, et de la détention s'il est officier.

Dans tous les autres cas, le coupable de désertion avec complot est puni du maximum de la peine portée par les dispositions des sections précédentes, suivant la nature et les circonstances du crime ou du délit.

Art. 242. Tout militaire qui provoque ou favorise la désertion est puni de la peine encourue par le déserteur selon les distinctions établies au présent chapitre.

Tout individu non militaire ou non assimilé aux militaires qui, sans être embaucheur pour l'ennemi ou pour les rebelles, provoque ou favorise la désertion, est puni par le tribunal compétent d'un emprisonnement de deux mois à cinq ans.

Art. 243. Si un militaire reconnu coupable de désertion est condamné par le même jugement pour un fait entraînant une peine plus grave, cette peine ne peut être réduite par l'admission de circonstances atténuantes.

CHAPITRE VI
VENTE, DÉTOURNEMENT, MISE EN GAGE ET RECEL DES EFFETS MILITAIRES.

Art. 244. Est puni d'un an à cinq ans d'emprisonnement, tout militaire qui vend son cheval, ses effets d'armement, d'équipement ou d'habillement, des munitions, ou tout autre objet à lui confié pour le service.

Est puni de la même peine, tout militaire qui sciemment achète ou recèle lesdits effets.

La peine est de six mois à un an d'emprisonnement, s'il s'agit d'effets de petit équipement.

Art. 245. Est puni de six mois à deux ans d'emprisonnement, tout militaire : 1º Qui dissipe ou détourne les armes, munitions, effets et autres objets à lui remis pour le service ; — 2º Qui, acquitté du fait de désertion, ne représente pas le cheval qu'il aurait emmené, ou les armes ou effets qu'il aurait emportés.

Art. 246. Est puni de six mois à un an d'emprisonnement, tout militaire qui met en gage tout ou partie de ses effets d'armement, de grand équipement, d'habillement, ou tout autre objet à lui confié pour le service.

La peine est de deux mois à six mois d'emprisonnement s'il s'agit d'effets de petit équipement.

Art. 247. Tout individu qui achète, recèle ou reçoit en gage des armes, munitions, effets d'habillement, de grand ou petit équipement, ou tout autre objet militaire, dans des cas autres que ceux ou les règlements autorisent leur mise en vente, est puni par le tribunal compétent de la même peine que l'auteur du délit.

CHAPITRE VII

VOL.

Art. 248. Le vol des armes et de munitions appartenant à l'Etat, celui de l'argent de l'ordinaire, de la solde des deniers ou effets quelconques appartenant à des militaires ou à l'Etat, commis par des militaires qui en sont comptables, est puni des travaux forcés à temps.

Si le coupable n'est pas comptable, la peine est celle de la réclusion.

S'il existe des circonstances atténuantes, la peine est celle de la réclusion ou d'un emprisonnement de trois ans à cinq ans, dans le cas du premier paragraphe, et celle d'un emprisonnement d'un an à cinq ans, dans le cas du deuxième paragraphe.

En cas de condamnation à l'emprisonnement, l'officier coupable est, en outre, puni de la destitution.

Est puni de la peine de la réclusion et, en cas de circonstances atténuantes, d'un emprisonnement d'un à cinq ans, tout militaire qui commet un vol au préjudice de l'habitant chez lequel il est logé.

Les dispositions du Code pénal ordinaire sont applicables aux vols prévus par les paragraphes précédents, toutes les fois qu'en raison des circonstances les peines qui y sont portées sont plus fortes que les peines prescrites par le présent Code.

Art. 249. Est puni de la réclusion, tout militaire qui dépouille un blessé.

Le coupable est puni de mort si, pour dépouiller le blessé, il lui a fait de nouvelles blessures.

CHAPITRE VIII

PILLAGE, DESTRUCTION, DÉVASTATION D'ÉDIFICES.

Art. 250. Est puni de mort, avec dégradation militaire, tout pillage ou dégât de denrées, marchandises ou effets, commis par des militaires en bande, soit avec armes ou à force ouverte, soit avec bris de portes et clôtures extérieures, soit avec violence envers les personnes.

Le pillage en bande est puni de la réclusion dans tous les autres cas.

Néanmoins si, dans les cas prévus par le premier paragraphe, il existe parmi les coupables un ou plusieurs instigateurs, un ou plusieurs militaires pourvus de grades, la peine de mort n'est infligée qu'aux instigateurs et aux militaires les plus élevés en grade. Les autres coupables seront punis de la peine des travaux forcés à temps.

S'il existe des circonstances atténuantes, la peine de mort est réduite à celle des travaux forcés à temps, la peine des travaux forcés à temps à celle de la réclusion, et la peine de la réclusion à celle d'un emprisonnement d'un an à cinq ans.

En cas de condamnation à l'emprisonnement, le coupable est, en outre, puni de la destitution.

Art. 251. Est puni de mort, avec dégradation militaire, tout militaire qui, volontairement, incendie, par un moyen quelconque, ou détruit par l'explosion d'une mine, des édifices, bâtiments, ouvrages militaires, magasins, chantiers, vaisseaux, navires ou bateaux à l'usage de l'armée.

S'il existe des circonstances atténuantes, la peine est celle des travaux forcés à temps.

Art. 252. Est puni des travaux forcés à temps, tout militaire qui, volontairement, détruit ou dévaste, par d'autres moyens que l'incendie ou l'explosion d'une mine, des édifices, bâtiments, ouvrages militaires, magasins, chantiers, vaisseaux, navires ou bateaux à l'usage de l'armée.

S'il existe des circonstances atténuantes, la peine est celle de la réclusion, ou même de deux à cinq ans d'emprisonnement, et, en outre, de la destitution, si le coupable est officier.

Art. 253. Est puni de mort, avec dégradation militaire, tout militaire qui, dans un but coupable, détruit ou fait détruire, en présence de l'ennemi, des moyens de défense, tout ou partie d'un matériel de guerre, des approvisionnements en armes, vivres, munitions, effets de campement, d'équipement ou d'habillement.

La peine est celle de la détention, si le crime n'a pas eu lieu en présence de l'ennemi.

Art. 254. Est puni de deux ans à cinq ans de travaux publics, tout militaire qui, volontairement, détruit ou brise des armes, des effets de campement, de casernement, d'équipement ou d'habillement appartenant à l'État, soit que ces objets lui eussent été confiés pour le service, soit qu'ils fussent à l'usage d'autres militaires, ou qui estropie ou tue un cheval, ou une bête de trait ou de somme employée au service de l'armée.

Si le coupable est officier, la peine est celle de la destitution ou d'un emprisonnement de deux à cinq ans.

S'il existe des circonstances atténuantes, la peine est réduite à nn emprisonnement de deux mois à cinq ans.

Art. 255. Est puni de la réclusion tout militaire qui, volontairement, détruit, brûle ou lacère des registres, minutes ou actes originaux de l'autorité militaire.

S'il existe des circonstances atténuantes, la peine est celle d'un emprisonnement de deux à cinq ans, et, en outre, de la destitution, si le coupable est officier.

Art. 256. Tout militaire coupable de meurtre sur l'habitant chez lequel il reçoit le logement, sur sa femme ou sur ees enfants, est puni de mort.

CHAPITRE IX
FAUX EN MATIÈRE D'ADMINISTRATION MILITAIRE.

Art. 257. Est puni des travaux forcés à temps, tout militaire, tout administrateur ou comptable militaire qui porte sciemment sur les rôles, les états de situation ou de revue, un nombre d'hommes, de chevaux ou de journées de présence au delà de l'effectif réel, qui exagère le montant des consommations, ou commet tout autre faux dans ses comptes.

S'il existe des circonstances atténuantes, la peine est la réclusion ou un emprisonnement de deux à cinq ans.

En cas de condamnation, l'officier coupable est, en outre, puni de la destitution.

Art. 258. Est puni d'un an à cinq ans d'emprisonnement, tout militaire, tout administrateur ou comptable militaire qui fait sciemment usage, dans son service, de faux poids ou de fausses mesures.

Art. 259. Est puni de la réclusion, tout militaire, tout administrateur ou comptable militaire qui contrefait ou tente de contrefaire les sceaux, timbres ou marques militaires destinés à être apposés, soit sur les actes ou pièces authentiques relatifs au service militaire, soit sur des effets ou objets quelconques appartenant à l'armée, ou qui en fait sciemment usage.

Art. 260. Est puni de la dégradation militaire, tout militaire, tout administrateur comptable militaire qui, s'étant procuré les vrais sceaux, timbres ou marques ayant l'une des destinations indiquées à l'article précédent, en fait ou tente d'en faire une application frauduleuse ou un usage préjudiciable aux droits ou aux intérêts de l'Etat ou des militaires.

CHAPITRE X

CORRUPTION, PRÉVARICATION ET INFIDÉLITÉ DANS LE SERVICE ET DANS L'ADMINISTRATION MILITAIRE.

ART. 261. Est puni de la dégradation militaire, tout militaire, tout administrateur ou comptable militaire coupable de l'un des crimes de corruption ou de contrainte prévus par les articles 177 et 179 du Code pénal ordinaire.

Dans le cas où la corruption ou la contrainte aurait pour objet un fait criminel emportant une peine plus forte que la dégradation militaire, cette peine plus forte est appliquée au coupable.

S'il existe des circonstances atténuantes, le coupable est puni de trois mois à deux ans d'emprisonnement.

Toutefois, si la tentative de contrainte ou de corruption n'a eu aucun effet, la peine est de trois à six mois d'emprisonnement.

ART. 262. Est puni d'un an à quatre ans d'emprisonnement, tout médecin militaire qui, dans l'exercice de ses fonctions et pour favoriser quelqu'un, certifie faussement ou dissimule l'existence de maladies ou infirmités. Il peut, en outre, être puni de la destitution.

S'il a été mû par des dons ou promesses, il est puni de la dégradation militaire. Les corrupteurs sont, en ce cas, punis de la même peine.

ART. 263. Est puni des travaux forcés à temps, tout militaire, tout administrateur ou comptable militaire qui s'est rendu coupable des crimes ou délits prévus par les articles 169, 170, 174 et 175 du Code pénal ordinaire, relatifs à des soustractions commises par les dépositaires publics.

S'il existe des circonstances atténuantes, la peine est celle de la réclusion ou de deux ans à cinq ans d'emprisonnement, et, dans ce dernier cas, de la destitution, si le coupable est officier.

ART. 264. Tout militaire, tout administrateur ou comptable militaire, qui, hors les cas prévus par l'article précédent, trafique, à son profit, des fonds ou des deniers appartenant à l'État ou à des militaires, est puni d'un emprisonnement de un an à cinq ans.

ART. 265. Est puni de la reclusion, tout militaire, tout administrateur ou comptable militaire qui falsifie ou fait falsifier des substances, matières, denrées ou liquides confiés à sa garde ou placés sous sa surveillance, ou qui, sciemment, distribue ou fait distribuer lesdites substances, matières, denrées ou liquides falsifiés.

La peine de la reclusion est également prononcée contre tout militaire, tout administrateur ou comptable militaire qui, dans un but coupable, distribue ou fait distribuer des viandes provenant d'animaux atteints de maladies contagieuses, ou des matières, substances, denrées ou liquides corrompus ou gâtés.

S'il existe des circonstances atténuantes, la peine de la reclusion est réduite à celle de l'emprisonnement d'un an à cinq ans, avec destitution, si le coupable est officier.

CHAPITRE XI.

USURPATION D'UNIFORMES, COSTUMES, INSIGNES, DÉCORATIONS ET MÉDAILLES.

ART. 266. Est puni d'un emprisonnement de deux mois à deux ans, tout militaire qui porte publiquement des décorations, médailles, insignes, uniformes ou costumes français sans en avoir le droit.

La même peine est prononcée contre tout militaire qui porte des décorations, médailles ou insignes étrangers sans y avoir été préalablement autorisé.

TITRE III

DISPOSITIONS GÉNÉRALES.

ART. 267. Les tribunaux militaires appliquent les peines portées par les lois pénales ordinaires à tous les crimes ou délits non prévus par le présent Code, et, dans ce cas, s'il existe des circonstances atténuantes, il est fait application aux militaires de l'article 463 du Code pénal.

ART. 268. Dans les cas prévus par les articles 251, 252, 253, 254 et 255 du présent Code, les complices, même non militaires, sont punis de la même peine que les auteurs du crime ou du délit, sauf l'application, s'il y a lieu, de l'article 197 du présent Code.

Art. 269. Aux armées, dans les divisions territoriales en état de guerre, dans les communes les départements et les places de guerre en état de siége, tout justiciable des tribunaux militaires, coupable ou complice d'un des crimes prévus par le chapitre premier du titre II du présent livre, est puni de la peine qui y est portée.

Art. 270. Les peines prononcées par les articles 41, 43 et 44 de la loi du 21 mars 1832, sur le recrutement de l'armée, sont applicables aux tentatives des délits prévus par ces articles, quelle que soit la juridiction appelée à en connaître.

Dans le cas prévu par l'article 45 de la même loi, ceux qui ont fait les dons et promesses sont punis des peines portées par ledit article contre les médecins, chirurgiens ou officiers de santé.

Art. 271. Sont laissées à la répression de l'autorité militaire, et punies d'un emprisonnement dont la durée ne peut excéder deux mois : 1° Les contraventions de police commises par les militaires ; — 2° Les infractions aux règlements relatifs à la discipline.

Toutefois, l'autorité militaire peut toujours, suivant la gravité des faits, déférer le jugement des contraventions de police au conseil de guerre, qui applique la peine déterminée par le présent article.

Art. 272. Si, dans le cas prévu par l'article précédent, il y a une partie plaignante, l'action en dommages-intérêts est portée devant la juridiction civile.

Art. 273. Ne sont pas soumises à la juridiction des conseils de guerre les infractions commises par des militaires aux lois sur la chasse, la pêche, les douanes, les contributions indirectes, les octrois, les forêts et la grande voirie.

Art. 274. Le régime et la police des compagnies de discipline, des établissements pénitentiaires, des ateliers de travaux publics, des lieux de détention militaire, sont réglés par des décrets impériaux.

Art. 275. Sont abrogées, en ce qui concerne l'armée de terre, toutes les dispositions législatives et réglementaires relatives à l'organisation, à la compétence et à la procédure des tribunaux militaires, ainsi qu'à la pénalité en matière de crimes et de délits militaires.

EXTRAIT DU CODE PÉNAL
DISPOSITIONS GÉNÉRALES

Art. 463. Les peines prononcées par la loi contre celui ou ceux des accusés reconnus coupables, en faveur de qui le jury aura déclaré les circonstances atténuantes, seront modifiées ainsi qu'il suit : Icr. 341. — Si la peine prononcée par la loi est la mort, la cour appliquera la peine des travaux forcés à perpétuité ou des travaux forcés à temps. Néanmoins, s'il s'agit de crimes contre la sûreté extérieure ou intérieure de l'État, la cour appliquera la peine de la déportation ou celle de la détention ; mais dans les cas prévus par les articles 86, 87 et 97, elle appliquera la peine des travaux forcés à perpétuité ou celle des travaux forcés à temps. P. 7-2°-3°-4°-5°. — Si la peine est celle des travaux forcés à perpétuité, la cour appliquera la peine des travaux forcés à temps ou celle de la réclusion. P. 7-4°-6°. — Si la peine est celle de la déportation, la cour appliquera la peine de la détention ou celle du bannissement. P. 7-5°, 8-1°. — Si la peine est celle des travaux forcés à temps, la cour appliquera la peine de la réclusion, ou les dispositions de l'article 401, sans pouvoir toutefois réduire la durée de l'emprisonnement au-dessous de deux ans. P. 7-6°, 9-3°, 40, s., 42, 44, 50. — Si la peine est celle de la réclusion, de la détention, du bannissement ou de la dégradation civique, la cour appliquera les dispositions de l'article 401, sans toutefois pouvoir réduire la durée de l'emprisonnement au-dessous d'un an. — Dans les cas où le Code prononce le *maximum* d'une peine afflictive, s'il existe des circonstances atténuantes, la cour appliquera le *minimum* de la peine, ou même la peine inférieure. P. 7, 8-1°, 9-1°. — Dans tous les cas où la peine de l'emprisonnement ou celle de l'amende sont prononcées par le Code pénal, si les circonstances paraissent atténuantes, les tribunaux correctionnels sont autorisés, même en cas de récidive, à réduire l'emprisonnement même au-dessous de six jours, et l'amende même au-dessous de seize francs; ils pourront aussi prononcer séparément l'une ou l'autre de ces peines, et même substituer l'amende à l'emprisonnement, sans qu'en aucun cas, elle puisse être au-dessous des peines de simple police. I. cr. 179, 190. — P. 9-3°, 40, s., 52, 465, 466, 483.

Paris. — Imp. Kugelmann, 12, rue du Helder.